CONTENIDO

Un mundo de plantas 4

Las semillas. 6

La cubierta de la semilla 8

Pequeños brotes. 10

Qué necesita una semilla 12

Crecimiento 14

Agua 16

Raíces 18

El tallo 20

Las plantas adultas 22

Glosario. 23

Índice 24

Sitios de Internet. 24

Un mundo de plantas

Las plantas son una parte importante de nuestro mundo. Sin plantas, los animales no podrían vivir. Aunque las plantas tienen aspectos diferentes, la mayoría de ellas comienzan como semillas. ¿Qué es una semilla y cómo crece?

Las semillas

Las plantas cuando se desarrollan por completo producen semillas. Estas semillas se **esparcen** por distintos lugares con la ayuda de los animales y el viento. Podemos obtener semillas de las plantas o comprarlas en una tienda. Si las plantamos en la tierra o en una maceta, ¡pueden crecer!

semilla

La cubierta de la semilla

Todas las semillas tienen una cubierta, una capa dura que protege el interior. Dentro de la semilla se encuentra todo lo que una planta necesita para crecer. La cubierta mantiene la semilla a salvo de peligros, como los insectos y el tiempo.

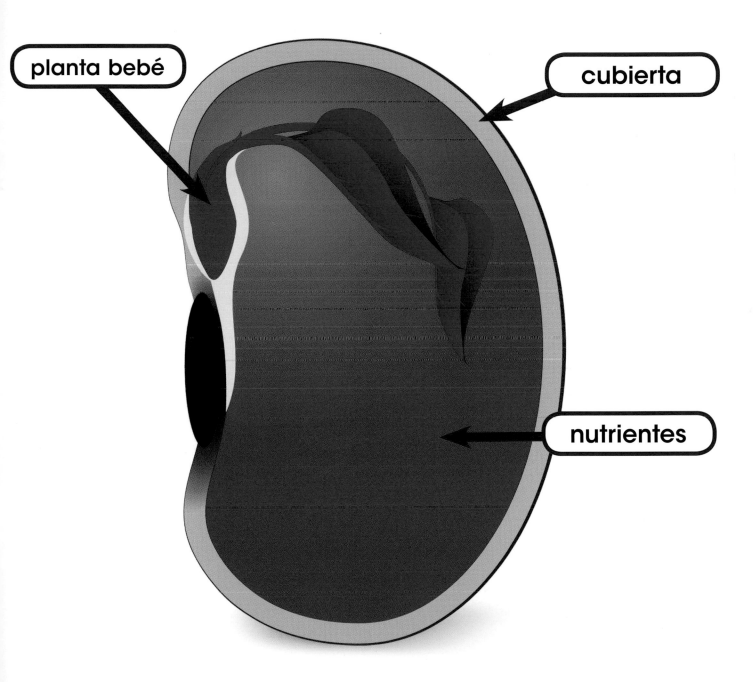

planta bebé

cubierta

nutrientes

9

Pequeños brotes

Las semillas también contienen **nutrientes** que la pequeña planta usa hasta que esté lista para germinar. La semilla brota y comienza a crecer. Esto pasa unos días después de plantar la semilla. Los científicos llaman a este proceso, **germinación**.

brote

11

Qué necesita una semilla

Las semillas necesitan tres cosas para poder crecer: agua, aire y calor. Algunas semillas necesitan luz para brotar. Otras, se deben plantar en la tierra, donde obtienen los nutrientes que necesitan para crecer.

13

Crecimiento

Antes de comenzar a crecer, las semillas necesitan un ambiente cálido. Es por eso que la mayoría de las plantas crecen en primavera y en verano. Cuando hace frío, las semillas se mantienen como dormidas o **inactivas**. Deben esperar a que haya calor y mejores **condiciones** para empezar a crecer.

15

Agua

Cuando se planta una semilla, deben pasar unos días para que comience a brotar. A menudo esto ocurre bajo tierra, por lo que no se puede ver. La semilla necesita de agua para suavizar la cubierta y que esta se pueda abrir. ¡Ahora la semilla comienza a despertar!

Raíces

Primero, las **plántulas** forman raíces que se extienden bajo la tierra. Estas raíces ayudan a la plántula a atraer agua y a mantenerse en su lugar. Dependiendo del tipo de planta, la plántula puede tener una o muchas raíces.

raíces

El tallo

Después, el tallo de la planta crece hacia la luz. En unos días, crecerá por encima de la tierra. El tallo ayuda a la planta a mantenerse recta. El tallo también **suministra** agua y nutrientes a las hojas y flores.

Las plantas adultas

Una vez que la planta aparece en la superficie, ¡continúa creciendo! y se convierte en una planta adulta. Las hojas recogen la luz solar para hacer comida. La planta adulta produce semillas que se convierten en nuevas plantas. Puedes aprender más viendo cómo crecen las plantas.

GLOSARIO

condición: forma de ser de las cosas en un momento o lugar.

esparcir: repartir o extender algo.

germinación: cuando comienza a brotar o crecer una semilla.

inactiva: no activo por el momento.

nutriente: algo que da alimento o comida.

plántula: planta joven que crece de una semilla.

suministrar: llevar algo a cierto lugar.

ÍNDICE

A
agua, 12, 16, 18, 20
aire, 12
animales, 4, 6

C
calor, 12, 14
comida, 22
cubierta de la semilla, 8, 9, 16

G
germinación, 10, 23

H
hojas, 20, 22

L
luz, 12, 20, 22

P
plantas, 4, 6, 8, 9, 10, 14, 18, 20, 22
plántula, 18, 23

R
raíces, 18, 19

T
tallo, 20
tierra, 6, 12, 16, 18, 20

SITIOS DE INTERNET

Debido a la naturaleza cambiante de los enlaces de Internet, PowerKids Press ha elaborado una lista de sitios de Internet relacionados con el tema de este libro. Este sitio se actualiza de forma regular. Por favor, utiliza este enlace para acceder a la lista:
www.powerkidslinks.com/tsn/seeds